Christine Mewes

Sor Juana Inés de la Cruz - Genie mit Affinität zun

Christine Mewes

Sor Juana Inés de la Cruz - Genie mit Affinität zum Wahnsinn

GRIN Verlag

Bibliografische Information der Deutschen Nationalbibliothek: Die Deutsche Bibliothek
verzeichnet diese Publikation in der Deutschen Nationalbibliografie; detaillierte bibliografische Daten sind im Internet über http://dnb.d-nb.de/ abrufbar.

1. Auflage 2006
Copyright © 2006 GRIN Verlag
http://www.grin.com/
Druck und Bindung: Books on Demand GmbH, Norderstedt Germany
ISBN 978-3-638-90895-5

Universität Siegen

Seminar: Der mittelalterliche Rosenroman

(Guillaume de Lorris/ Jean de Meung)

und la querelle du rose

WS 2005/2006

Sor Juana Inés de la Cruz

- Genie mit Affinität zum Wahnsinn?

Hausarbeit von:

Christine Mewes

1.Semester, BA

Kernfach: Literary, Cultural and Media Studies

Ergänzungsfach: Language and Communication

15.03.2006

1. Inhalt

2. Einleitung

Sor Juana Inés de la Cruz – ein Name, viele Bezeichnungen.

In ihrem ersten, 1689 in Madrid erschienenen Band ihrer gesammelten Werke versieht man sie mit dem Ehrentitel „zehnte Muse".[1] In späteren Ausgaben wird sie auch „Fenix de Mexico"[2] genannt. Sind diese Titel bloß eine Farce? Verbirgt sich dahinter in Wahrheit ein „seltsame[s] Wesen"[3], eine „unselige Frau"[4], ein „Mannweib"[5]? Ist Sor Juana Inés de la Cruz die schizophrene, narzisstische, unweibliche, Männer hassende Psychoneurotikerin, die der deutsche Professor Ludwig Pfandl in ihr sieht? Oder ist sie doch das „blühendste Ingenium dieses glücklichen Jahrhunderts, Amerikas Minerva, großes Ingenium, eingeschränkt nur durch den Vorbehalt, daß sie eine Frau ist."[6], wie ihr Zeitgenosse, der Priester Francisco Xavier Palavicino Villarrasa sie einst nannte?"

Ich möchte mich in dieser Hausarbeit insbesondere mit den Ausführungen Ludwig Pfandls auseinandersetzen und klären, inwiefern es zulässig ist, die berühmte Nonne und Dichterin als psychisch schwer kranke Frau zu bezeichnen. Mein Ziel ist es nicht, Pfandl in all seinen Aussagen zu widerlegen – das wäre wohl auch anmaßend. Ich möchte aber seine Methoden und Vorgehensweisen analysieren und mithilfe von medizinisch-psychiatrischen Büchern seine Aussagen bezüglich ihrer Zulänglichkeit prüfen. Dabei werde ich aus Zeit- und Platzmangel nicht auf alle Einzelaspekte in Pfandls Ausführungen eingehen. Dennoch werde ich mich im Groben an die Chronologie seines Buches „Die zehnte Muse von Mexico / Juana Inés de la Cruz" halten, wobei ich vorab den Lebensweg der Nonne kurz darstellen werde.

---

[1] Pfandl: Die zehnte Muse von Mexico, S.85
[2] Pfandl: Die zehnte Muse von Mexico, S.86
[3] Pfandl: Die zehnte Muse von Mexico, S.97
[4] Pfandl: Die zehnte Muse von Mexico, S.92
[5] Pfandl: Die zehnte Muse von Mexico, S.270
[6] Paz (1991), S. 596

3.   Sor Juana Inés de la Cruz

Juana Inés wird am 12.November 1648 in San Miguel de Nepantla, einem Dörfchen südlich der Stadt México, in Neuspanien gebren. Sie ist uneheliche Tochter der Kreolin Isabel Ramírez de Santillana und des baskischen Edelmannes Pedro Manuel de Asbaje y Vargas Manchuca und hat fünf Geschwister, wovon zwei den gleichen Vater haben wie sie, die anderen drei sind die Kinder des Hauptmannes Diego Ruiz Lozano.

Als Kind lebt sie mit ihrer Mutter und ihrem Großvater Pedro Ramírez auf dem Gut Panoayán, nahe Nepantla und lernt bereits im Alter von drei Jahren lesen und schreiben, indem sie ihre ältere Schwester heimlich zur Schule begleitet. Ihr Wissensdrang ist so groß, dass sie ihre Mutter anschließend bittet, sie als Junge verkleidet auf die nahe gelegene Universität zu schicken (Universitäten waren allein den Männern vorbehalten), was ihre Mutter allerdings ablehnt.

Da die Schulbildung für Mädchen in Neuspanien nur im Lesen, Schreiben und den vier Grundrechenarten besteht, muss sich die kleine Juana Inés von nun an auf eigene Faust weiterbilden und so verbringt sie Stunden damit, die Bücher aus der Bibliothek ihres Großvaters zu studieren. Als dieser 1656 stirbt, wird die Achtjährige zu Verwandten ihrer Mutter nach México geschickt. Dort setzt sie ihr autodidaktisches Studium fort und erhält außerdem Unterrichtsstunden in Latein. Ihr Ehrgeiz ist dabei so groß, dass sie sich die Haare immer wieder abschneidet, wenn sie ihr selbst gesetztes Lernpensum nicht erreicht, denn sie meint, dass „ein von Kenntnis barer Kopf nicht mit Haaren bekleidet sein"[7] darf. Außerdem entwickelt sie eine Vorliebe für das Verfassen kleinerer Gedichte und ihr Ruf als ungewöhnliches Wunderkind spricht sich herum.

1664 stellen ihre Verwandten die nun 16-Jährige dem neuen Vizekönig Don Antonio Sebastián de Toledo, Marqués de Mancera und seiner Gattin Doña Leonor Carreto vor. Die Vizekönigin ist sofort beeindruckt von dem intelligenten jungen Mädchen und nimmt Juana in den Kreis ihrer Hofdamen auf.

Von nun an steht Juana unter dem Schutz des Vizekönigpaares und besonders die Vizekönigin ist ihr zärtlich zugetan. Am Hof bieten sich ihr alle Möglichkeiten zum freien Studieren, sie nimmt am höfischen Leben teil und verstärkt einen Ruf als außergewöhnlich hübsche und talentierte Dichterin.

---

[7] Paz (1991), S.121

Mangels einer Mitgift und aufgrund ihrer unehelichen Abstammung und aus weiteren Gründen, die ich noch erläutern werde, entschließt sie sich jedoch im Alter von neunzehn Jahren in den Orden der Unbeschuhten Karmeliterinnen einzutreten, kehrt jedoch, wahrscheinlich verschreckt von den strengen Klosterregeln, kurz darauf an den Hof zurück, bevor sie am 24. Februar 1669 endgültig den Schleier nimmt, diesmal allerdings im Kloster San Jerónimo, das für seine eher laxen Regeln bekannt ist. Dort ist es den Nonnen gestattet nicht nur Besitz, sondern auch Dienstmädchen zu haben. (Sor Juanas Bibliothek umfasst später an die 4000 Bände)

Während ihres siebenundzwanzig Jahre währenden Lebens als Nonne verfasst sie zahlreiche dichterische Werke, die sowohl die Lyrik, als auch das Drama und Prosastücke umfassen. Besonders der Lyrik, insbesondere der Liebeslyrik, widmet sie sich ausgiebig und ihr Studium der verschiedenen Wissenschaften setzt sie fort.

Auch als Nonne wird Juana, die von ihrem Gelübde an Sor Juana Inés de la Cruz heißt, von den verschiedenen, immer wieder wechselnden Vizekönigen protegiert. Eine ganz besondere Freundschaft verbindet sie mit der María Luisa Manrique de Lara, deren Mann Don Tomás Antonio de la Cerda y Aragón, Conde de Paredes, Marqués de la Laguna von 1680-1686 das Amt des Vizekönigs innehat. Ihr widmet Juana zahlreiche Liebesdichtungen, worauf ich noch zu sprechen kommen werde. Die Marquesa de la Laguna ist es auch, die Juanas Werke schließlich mit nach Spanien nimmt und sie in einem ersten Band 1689 in Madrid veröffentlicht.

1693, zwei Jahre vor ihrem Tod, entsagt Sor Juana der Literatur, ihrem dichterischen Schaffen und Studium, gibt ihre Bibliothek und ihren gesamten Besitz zum Verkauf für wohltätige Zwecke frei und konzentriert sich von nun an voll und ganz auf ihre religiösen Pflichten. Außerdem ergeht sie sich in harten Selbstkasteiungen und verfasst drei Bußschriften, in denen sie sich und ihr bisheriges Leben als schlecht und sündig bekennt und Gott um Gnade ersucht. (Auch darauf werde ich noch zurückkommen.)

Am 17. April 1695 stirbt Sor Juana schließlich an den Folgen einer schlimmen Seuche (wahrscheinlich der Pest), die sie sich bei der Pflege ihrer kranken Mitschwestern zugezogen hat. [8]

---

[8] Alle biographischen Angaben habe ich den folgenden Büchern entnommen:
Paz (1991)
Pfandl: Die zehnte Muse von México
Wagner/ Laferl (2002)
Perez-Amador/ Nowotnik (1992)

4. „Flucht aus der Weiblichkeit"[9]

Wenn jemand in seinem relativ kurzen Leben eine Menge, ja eine Unmenge, an literarischen, teils hoch kunstvollen Werken verfasst, dann wird ihm normalerweise die Achtung und der Respekt seiner Mitmenschen und Leser zuteil. Wenn dieser jemand obendrein eine hoch gebildete Frau aus dem 17. Jahrhundert ist, so stößt das bei den meisten ihrer Leser nicht nur auf Respekt, sondern vor allem auf Bewunderung, wenn man sich vor Augen hält, dass diese Frau in einer Welt gelebt hat, die von Männern regiert wurde und in der allein den Männern es vorbehalten war, sich zu bilden und ihre Meinung in Wort und Schrift zu äußern.

Es gibt allerdings auch Kritiker, die das Werk einer Sor Juana Inés de la Cruz nicht kommentarlos anerkennen, im Gegenteil, die es mittels der verschiedensten Methoden zu analysieren und zu erklären versuchen. Natürlich wirft das Leben der Nonne viele Fragen auf. Bis heute ist nicht eindeutig geklärt, warum genau sie sich für ein Leben als Nonne entschied und warum genau sie schließlich kurz vor ihrem Tod ihrer Leidenschaft, dem Schreiben, entsagte und sich in geradezu asketischer Weise ganz und gar Gott und der Religion hingab. Da nicht viele Berichte ihrer Zeitgenossen über sie erhalten geblieben sind und die wenigen die es gibt oft gefärbt sind (beispielsweise die des Biographen des Aguiar y Sejas, Erzbischof von México, Juanas späterem Erzfeind), bleiben uns lediglich ihre überlieferten Werke und einige autobiographische Aussagen Sor Juanas selbst, wie etwa in der *Respuesta a sor Philotea*, die Rückschlüsse auf ihr Leben und ihr Denken ermöglichen.

Die Methoden bei der Auseinandersetzung mit Literatur sind strittig. Wo es den einen Rezipienten und Kritikern vor allem auf das Werk eines Schriftstellers an sich ankommt, stellen andere seine Person in den Focus ihrer Untersuchungen.

So auch der deutsche Professor Ludwig Pfandl. Er befasste sich eingehend mit dem Leben und dem Schreiben der Sor Juana und ging dabei vor allem psychoanalytisch vor, was er selbst wie folgt begründet:

> diese Frau ist eine dermaßen individuelle und introvertierte, an sich selbst
> gebundene und auf sich selbst gestellte Persönlichkeit, daß sie aus nichts anderem
> als aus ihrer eigenen leidvollen Psyche heraus erklärt und begriffen werden kann.[10]

---

[9] Pfandl: Die zehnte Muse von México, S.95
[10] Pfandl: Die zehnte Muse von México, S.99

Sein Buch „Die zehnte Muse von México/ Juana Inés de la Cruz", in welchem er seine Untersuchungsergebnisse gebündelt hat, konnte Pfandl nicht mehr selbst veröffentlichen. Er starb am 27. Juni 1942, während des zweiten Weltkrieges. Sein Freund Hans Rheinfelder übernahm die Veröffentlichung für ihn.

Nun muss man bedenken, dass Pfandl seine Aussagen auf die, zu seiner Zeit gültigen, Erkenntnisse der Psychoanalyse stützt. Diese sind heute, gut achtzig Jahre später zum Teil natürlich veraltet. Dennoch bietet sein Buch auch heute noch reichlich Diskussionsmaterial.

Einer von Pfandls größten Kritikpunkten an Sor Juana ist ihre „Unweiblichkeit"[11], wobei er ihr immerhin anerkennt, dass sie mit „einer wahrhaft männlichen Tapferkeit gegen die Tragik ihres Schicksals ankämpft"[12]. Schon in dieser Aussage leuchten Pfandls persönliche Vorstellungen der Rollenverteilung auf. Tapferkeit ist jedenfalls nichts für Frauen, auch wenn sie hier als Kompliment gemeint ist.

Als ersten wirklichen Indiz für die Unweiblichkeit Juanas weist Pfandl darauf hin, die Nonne habe bereits als Kind den Drang gespürt, ein Mann zu sein, beispielsweise wenn sie sich als Junge verkleiden will, um die Universität besuchen zu dürfen oder wenn sie sich die Haare abschneidet, weil sie ihr Lernpensum nicht erreicht hat. Pfandl übersieht dabei scheinbar völlig die Tatsache, dass diese Männerverkleidung für Juana der einzige Weg gewesen wäre, sich weiterbilden zu können. Die vorgeschützte Männlichkeit ist hier nur Mittel zum Zweck. Außerdem finde ich es fraglich, ob man einem Kind den Vorwurf der Vermännlichung machen kann. Für Pfandl jedenfalls steht fest, dass die kleine Juana, anfänglich bloß „angetrieben von männlich gerichteter Selbsterhöhung und Selbstverklärung"[13], schließlich zur „von mühsam unterdrückter Leidenschaftlichkeit erfüllte[n] Männerfeindin"[14] mutiert.

Juanas vermeintlichen Männerhass meint Pfandl unter anderem in der *Respuesta a sor Philotea* herauszulesen, wenn sie etwa sagt:

> Die Frauen werden allgemein für einfältig gehalten, die Männer hingegen glauben schon dadurch, daß sie Männer sind, gescheit zu sein."[15]

---

[11] Pfandl: Die zehnte Muse von México, S.95
[12] Pfandl: Die zehnte Muse von México, S.92
[13] Pfandl: Die zehnte Muse von México, S.97
[14] Pfandl: Die zehnte Muse von México, S.98
[15] Pfandl: Die zehnte Muse von México, S.99

Ein andermal, in der Komödie *empeños de una casa*, lässt Sor Juana einen Diener in Frauenkleider schlüpfen, was Pfandl als zutiefst erniedrigend empfindet. Wieso nur hat zu Juanas Zeiten dann niemand Anstoß daran genommen?

– Spricht hier wirklich die Männerhasserin? Ist das die Sprache der Verachtung? Ich denke nein. Das ist kein Hass, sondern allenfalls Spott und zwar kein verletzender Spott, sondern Spott, der auf einen gesellschaftlichen Missstand aufmerksam machen will.

Vorerst führt Pfandl Juanas angeblichen Männlichkeitskomplex also auf die spärlichen Überlieferungen aus ihrer Kindheit zurück, aus denen er anormales Verhalten herausliest. So stellt sie für ihn einerseits den Inbegriff der Männerhasserin dar, andererseits will sie ihrem eigentlichen Idealbild Mann näher kommen. Die Ursachen dafür führt Pfandl ebenfalls auf Juanas Kindheit zurück, ein geläufiges Verfahren in der Tiefenpsychologie. Hier allerdings verfällt er in reine Spekulation. Der Professor sieht Juanas Männlichkeitskomplex in kausalem Zusammenhang mit ihrem Bruder:

> Er mag es gewesen sein, an dessen Körper ihr kindlicher Schautrieb zu dem traumatischen Erlebnis des vermeintlichen Mangels und der damit verbundenen, als ungerecht gefühlten Verkürzung und Benachteiligung gelangte.[16]

Aber wie begründet er das? Nicht jedes Mädchen, das sich der anatomischen Unterschiede zwischen Mann und Frau bewusst wird, entwickelt automatisch einen Penisneid. Wieso hätte Juana das tun sollen? Ist es nicht ein bisschen an den Haaren herbeigezogen, diese Theorie mit einem überschwänglichen Glückwunsch-Sonett zu begründen, das Juana später ihrem Bruder widmet und in dem Pfandl ihre Schuldgefühle wegen ihres frühkindlichen Neides abzulesen meint?

Unlogisch erscheint mir auch die Annahme eines unüberwundenen Ödipus-Komplexes. Der gesunde „positive Ödipus-Konflikt"[17] besteht, wenn das etwa vierjährige Kind sich mit dem gleichgeschlechtlichen Elternteil identifiziert, dieses gleichzeitig bewundert und aufgrund der Beziehung zum anderen Elternteil eifersüchtig beneidet und dabei gegenüber dem andersgeschlechtlichen Elternteil eine sexuell gefärbte Haltung einnimmt.[18]

Wenn Pfandl nun behauptet, Juana hätte ihren Vater nie gekannt (was im Übrigen nicht erwiesen ist), wie hätte sich dann ein solcher Konflikt vollziehen sollen?

Was mir wohl möglich erscheint, ist die Theorie von Octavio Paz: Juana tötet, bzw. begräbt ihren Vater, von dem sie nur eine vage Vorstellung hat, innerlich. In ihren Liebesgedichten taucht er allerdings wieder auf und sie tritt an die Stelle der trauernden,

---

[16] Pfandl: Die zehnte Muse von México, S.103
[17] Schulte/ Tölle (1977), S.36
[18] Schulte/ Tölle (1977), S.36

sehnsüchtigen Witwe. Somit ist die Theorie des Ödipus-Konflikts gewissermaßen umgekehrt. Das Mädchen setzt sich nicht an die Stelle der Mutter, wie es normal wäre, sondern an die Stelle des gedanklich getöteten Vaters. Später kehrt sich diese Konstellation, die Pfandl wohl als Vermännlichung bezeichnen würde, wieder um, Juana nimmt in ihren Gedichten die Rolle der Witwe und somit die Rolle ihrer Mutter ein, womit die Verweiblichung vollzogen wird.[19]

Aber auch das ist nur eine Theorie. Genauso gut ist es möglich, dass Juana die ödipale Phase vollkommen normal durchlebt hat. Nach Octavio Paz vollzog sich die Trennung ihrer Mutter und ihres Vaters als Juana etwa fünf oder sechs Jahre alt war.[20] Die ödipale Phase tritt hingegen normalerweise um das vierte Lebensjahr eines Kindes ein, sprich, wenn dieses gerade drei Jahre alt ist und dauert etwa drei Jahre an.[21] Somit hätte Juana also genügend Zeit gehabt, diese Entwicklungsphase in Anwesenheit ihres Vaters völlig normal zu durchlaufen. Pfandls Theorie muss also schon an ihrer Basis angezweifelt werden.

Dass der Professor bemerkt, Juana habe bis zu ihrem Klostereintritt den Namen ihrer Mutter „Ramírez" benutzt und sich damit an deren Stelle gesetzt, wird abermals durch eine Theorie von Octavio Paz neutralisiert. Paz stützt sich dabei auf historische Tatsachen: Das Hieronymitinnen-Kloster, dem Juana beitritt war nur für Kreolinnen bestimmt. Juanas Mutter war Kreolin, ihr Vater hingegen nicht. Es war ihr also von Vorteil den Namen ihrer Mutter zu benutzen. Außerdem hat Juana bis zu ihrem Antritt als Hofdame stets im Kreise der Verwandtschaft ihrer Mutter gelebt. Warum hätte sie einen anderen Namen benutzen sollen?[22]

Wenn Pfandl behauptet, Juana identifizierte sich ihr Leben lang mit den verschiedensten Männern, die sie gleichzeitig bewunderte, wie auch ablehnte, wie z.B. ihren Beichtvater Antonio Núñez de Miranda, ihren Bruder, ihren Vetter und Gönner Don Pedro Velázquez de la Cadena, der ihr die Klostereintrittsgebühr bezahlte, den Bischof von Puebla, Manuel Fernández de Santa Cruz und schließlich den heilige Josef, dann kann ich dazu nur sagen, dass diese Männer natürlich alle eine bedeutende Rolle im Leben der Nonne gespielt haben und dass sie bestimmt gerade ihren Beichtvater lange Zeit als Bezugs- und Vertrauensperson ansah, aber was ist daran falsch? Wenn ein Kind seinen Vater für seine

---

[19] Paz (1991), S.124
[20] Paz (1991), S.122
[21] Schulte/ Tölle (1977), S.36
[22] Paz (1991), S.111

Stärke und Autorität bewundert, heißt das doch noch lange nicht, dass es genauso werden will. Und wenn Núñez de Miranda einen solch starken Einfluss auf Juana hatte und als ihr Über-Ich, als ihr Gewissen fungierte, hätte Juana das Schreiben wohl schon viel eher aufgegeben.[23]

Aber „die entscheidende und abschließende Etappe ihrer Flucht aus der Weiblichkeit"[24] liest Pfandl in dem Klostereintritt Juanas ab.

Dass sie die Ehe ablehnt gibt sie selbst in der *Respuesta* zu. Warum sie das tut, ist bis heute nicht vollkommen geklärt. Für Pfandl ist der wahre Grund ihr Männlichkeitskomplex. Wenn Männlichkeit in diesem Sinne freie Entfaltung und Flucht aus der Bevormundung bedeuten würde, müsste man Pfandl Recht geben. Aber so ist es hier nicht gemeint. Pfandl hat eine völlig andere Vorstellung von den Begriffen Männlichkeit und Weiblichkeit als der modern denkende Mensch von heute. Darauf komme ich später noch zurück. Zunächst möchte ich anhand von einem Beispiel die verschiedenen Möglichkeiten der Interpretation von Sor Juanas Aussagen verdeutlichen.

In einem Teil einer Romanze Sor Juanas heißt es übersetzt:

Bin nicht kundig dieser Dinge;
Kam hierher nur zu dem Zwecke,
Daß wenn schon ein Weib ich sein muss,
Niemals einer es entdecke.

Und weiter:

Ich weiß nur, daß diesem Körper
Mannheit und auch Weibtum fehle,
Denn als Neutrum und Abstraktum
Er allein umhüllst die Seele.[25]

Für Pfandl ist das ein eindeutiger Beweis für Juanas Ablehnung ihrer Weiblichkeit. Ablehnung? Ja. Aber was genau lehnt sie ab? Ich denke nicht das Frausein an sich, sondern das mit Einschränkungen behaftete Frausein im Neuspanien des 17. Jahrhunderts. Sie lehnte es ab, eine unmündige Ehefrau zu sein und zog ein Nonnenleben mit (zumindest) dichterischen Freiheiten vor.

Das gibt sie in der *Respuesta a Sor Philotea* selbst zu:

Ich wurde Nonne, weil es [...] am wenigsten unangemessen und das Schicklichste war, [...] allein leben zu wollen, keine verpflichtende Beschäftigung zu haben, die die Freiheit meines Studiums beeinträchtigen möge, [...].[26]

---

[23] zu diesem „Vater-Imago": Pfandl: Die zehnte Muse von México, S.104-111
[24] Pfandl: Die zehnte Muse von México, S.183
[25] Pfandl: Die zehnte Muse von México, S.182f
[26] Paz (1991), S.174

Dazu kommt, „daß der Ordensstand zu jener Zeit ein Beruf wie jeder andere war".[27] „Das Kloster bedeutete Versorgung."[28] Besonders für Frauen wie Juana Inés, die sich aufgrund ihrer unehelichen Abstammung keine Hoffnung auf eine standesgemäße Heirat machen konnte. Außerdem fehlte das Geld für eine Mitgift und, wie schon erwähnt, selbst den Klostereintritt verdankt sie einem spendierfreudigen Gönner, den sie während ihrer Zeit am Hof kennen gelernt hat.

Außerdem spricht Juana in der oben zitierten Romanze einen wichtigen Punkt ihres persönlichen Glaubens an. Für sie haben Seelen kein Geschlecht. Das wird auch später noch eine Rolle spielen, wenn es um die Liebesdichtungen für ihre Freundin María Luisa geht.

Um Pfandls Auffassung der Unweiblichkeit Juanas nachzuvollziehen, ist es wichtig, sein Bild einer perfekten Frau kurz zu erklären. Pfandl unterteilt die Frauen, ihrer physischen Konstitution nach in zwei Gruppen, denen, aufgrund ihrer körperlichen Beschaffenheit, verschiedene Charaktereigenschaften und Wesensmerkmale zukommen.

Die perfekte Frau ist die so genannte „Pyknika"[29]. Sie ist klein, hellhaarig, mollig, meist heiter, „von Eifersucht, Zanksucht, und jeglichen neurotischen Störungen frei"[30], sie ist „der Idealtypus der Gattin und Mutter"[31] und „hat keinerlei männliche Neigungen, will nicht studieren und nicht gescheit sein"[32].

Eine „degenerative Abart"[33] der Pyknika ist das „Kindweib"[34], das aber eher gebrechlich und, wie der Name schon sagt, in seinem Verhalten kindlich ist. „Die Schwindsucht ist seine Erbkrankheit und der Alkoholgenuß hilft kräftig nach."[35]

Das Gegenteil der Pyknika ist die Intersexuelle, auch genannt „das Mannweib"[36]. Als Mischtyp zwischen Frau und Mann ist es ihr Schicksal, ein leidvolles Leben zu leben. Sie ist ein zwiespältiges Wesen und kann vom Kind, über die Frau bis zum intelligenten Mann alle Wesenszüge in sich vereinen. Körperlich sind Intersexuelle meist leptosom und

---

[27] Paz (1991), S.166
[28] Paz (1991), S.167
[29] Pfandl: Die zehnte Muse von México, S.268
[30] Pfandl: Die zehnte Muse von México, S.268
[31] Pfandl: Die zehnte Muse von México, S.268
[32] Pfandl: Die zehnte Muse von México, S.268
[33] Pfandl: Die zehnte Muse von México, S.269
[34] Pfandl: Die zehnte Muse von México, S.269
[35] Pfandl: Die zehnte Muse von México, S.269
[36] Pfandl: Die zehnte Muse von México, S.270

robust. Außerdem verabscheuen sie alles Weibliche an sich und sind „die bedauernswerten Opfer mannigfaltiger und quälerischer Neurosen"[37].

Dann gibt es noch den Typ der „Asthenika"[38], einer Sonderart der Intersexuellen, die eher passiv und depressiv ist und ihr Leben stumm leidend lebt.[39]

Pfandl sieht also allein schon in Juanas körperlicher Beschaffenheit, sie war groß, schlank und dunkelhaarig, ihre Veranlagung zur Unweiblichkeit und Neurotikerin.

Ansonsten bedarf dieser Passus wohl keiner näheren Erläuterung. Dass körperliche Merkmale wohl kaum auf den Charakter schließen lassen, steht außer Frage und auch das Bild der perfekten arischen Frau können wir wohl als passé abtun.

---

[37] Pfandl: Die zehnte Muse von México, S.271
[38] Pfandl: Die zehnte Muse von México, S.272
[39] alle Ausführungen zu den unterschiedlichen Frauentypen finden sich in Pfandl: Die zehnte Muse von México, S.266-274

5. Juana Inés – eine Psychoneurotikerin?

Wie gesagt, liegt für Ludwig Pfandl der Hang Juanas zur Neurotikerin bereits in ihrer Veranlagung begründet. Abgesehen davon greift er abermals auf psychoanalytische Erkenntnisse zurück und erklärt Juanas angebliche Neurose mit einer missglückten Sublimierung in einer Konfliktsituation während ihrer Kindheit. Das gilt es kurz zu erklären:

> An der Wurzel neurotischer Störungen steht ein Konflikt. Er kommt zustande, wenn in einem Menschen zwei Strebungen von vitaler Bedeutung widersprüchlich bzw. unvereinbar und unter einem Entscheidungsdruck aufkommen. Das klassische Beispiel ist der Konflikt zwischen Triebwunsch und Anforderungen der Umwelt, [...].[40]

Auch das Bedürfnis nach Wissen ist eine vitale Strebung.

> Die widersprüchlichen Strebungen werden im Idealfall in das Gesamterleben integriert. Es handelt sich um „schöpferische" Lösungen im Sinne der Weiterentwicklung der Persönlichkeit.[41]

Andere Arten der Konfliktverarbeitung sind die Verdrängung des Triebwunsches, die Verschiebung, wobei sich auf ein ähnliches Ziel, das leichter zu erreichen ist, konzentriert wird und die Sublimierung. Hier wird die Strebung „auf ein sozial, geistig oder ethisch höher gestelltes Ziel verschoben."[42]

Das meint Pfandl also, wenn er von Sublimierung spricht.

> Ein neurotischer Vorgang ist dann gegeben, wenn ein vitales Bedürfnis, das im Widerspruch zu einer anderen Strebung steht und nicht integriert werden kann, durch Verdrängung unbewusst wird und in einem Krankheitssymptom Ausdruck findet.[43]

Die Ursache für Juanas Neurosenbildung, sprich, den verdrängten Konflikt, glaubt Pfandl in ihrem, seit der Kindheit bestehenden Wissensdrang zu sehen. Kurz gesagt: Je intelligenter und vielseitig interessierter das Kind, desto größer sein erotisches Triebleben (aufgrund seiner Schaulust) und desto größer der Sublimierungszwang und die Wahrscheinlichkeit der Neurosenentwicklung.[44]

Diese Aussage konnte ich in keinem psychiatrischen Buch finden und zweifle stark an ihrer Richtigkeit. Aber selbst wenn sie stimmen sollte – woher wollen wir wissen, dass die kleine Juana ihren Trieben und ihrer Schaulust nicht nachgeben konnte? Wenn man sich vor Augen führt, dass ihre Mutter nacheinander mit zwei Männern in einem unehelichen

---

[40] Schulte/ Tölle (1977), S.30
[41] Schulte/ Tölle (1977), S.32
[42] Schulte/ Tölle (1977), S.32
[43] Schulte/ Tölle (1977), S.33
[44] Pfandl: Die zehnte Muse von México, S.113

Verhältnis zusammenlebte und es auch am Hofe üblich war, dass die unverheirateten Damen und Kavaliere ihre Liebschaften hatten und häufig wechselten, warum sollen wir dann von einer verklemmten Sexualmoral ausgehen? Und auch ihrem Wissensdrang konnte Juana offenbar schon als Kind nachgeben, indem sie sich der Bibliothek ihres Großvaters widmete, später sogar Lateinunterricht bekam und sie anscheinend niemand daran hinderte, kleinere Gedichte zu schreiben. Am Hof schließlich war sie ja gerade deswegen so berühmt und beliebt. Die Annahme einer Neuroseentwicklung ist also höchst zweifelhaft, aber für Pfandl steht fest:

> Hier handelt es sich um keine Genialität und kein Wunder sondern um Zwangsverdrängung und Zwangssublimierung auf neurotischer Grundlage.[45]

Auch Juanas vermeintlicher Grübelzwang lässt sich meines Erachtens nicht nachweisen. Auch habe ich keinen Hinweis darauf gefunden, dass dieser Grübelzwang tatsächlich eine der häufigsten Neuroseformen ist und aus missglückter Sublimierung entsteht.

Pfandls gröbster Fehler in seiner Argumentation scheint mir jedoch seine sture Einseitigkeit. Er lässt die Lebensumstände Juanas, die historischen Fakten und Gegebenheiten beinahe völlig außer Acht. Gerade diese sind aber für die Psychoanalyse unerlässlich:

> Daß die Verarbeitung von Konflikten gestört ist, kann im allgemeinen nur auf dem Hintergrund der Situation, der Persönlichkeitsstruktur und der Lebensgeschichte verstanden werden. Neurosen aus einzelnen Erlebnissen, Frustrationen oder „Traumen" abzuleiten, ist überholt. Die Entstehung einer Neurose ist ein komplexer Vorgang. Zahlreiche dispositionelle und peristatische Umweltfaktoren greifen ineinander und müssen berücksichtigt werden, wenn man nicht in den Fehler der Einseitigkeit verfallen will, [...].[46]

Wenn man von diesem Hintergrund ausgeht, möchte ich es wagen, die Vorgehensweise Pfandls von Grund auf in Frage zu stellen. Kann man überhaupt einen längst verstorbenen Menschen aus einem weit entfernten Zeitalter und einer fremden Kultur anhand einiger überlieferter Schriftstücke psychologisch analysieren? Ich denke nein. Abgesehen davon, dass sich der Mensch gar nicht mehr selbst äußern kann, kann wohl niemand der mehrere hundert Jahre später lebt, völlig in diese fremde Kultur eintauchen und sie von Grund auf verstehen. Und was sagen denn die überlieferten Schriften von und über Sor Juana aus? Sind sie nicht nur ein winziger Bruchteil eines viel komplexeren Lebens? Natürlich kann man Rückschlüsse ziehen und Vermutungen aufstellen, aber für ein psychoanalytisches Verfahren sind solch lückenhafte Grundlagen pures Gift. Ich denke, man kann einen

---

[45] Pfandl: Die zehnte Muse von México, S.116
[46] Schulte/ Tölle (1977), S.39

Menschen auf diese Weise nicht nur nicht erklären, sondern obendrein sein Bild auch noch gewaltig verzerren und verfälschen. Die Psychoanalyse mag geeignet sein für die face-to-face-Therapie – für das Nachzeichnen und Verstehen einer historischen Persönlichkeit ist sie es nicht.

Kommen wir aber zurück zu Juanas vermeintlichem Grübelzwang.

> Zwang liegt vor, wenn sich Denkinhalte oder Handlungsimpulse immer wieder aufdrängen und nicht unterdrückt oder verdrängt werden können, obwohl erkannt wird, daß sie unsinnig sind oder zum mindesten ohne Grund Denken und Handeln beherrschen.[47]

Darunter fallen z.B. Phänomene wie, von einer bestimmten Melodie oder einer Wortfolge nicht loszukommen, ständig etwas zählen oder auch immer alles doppelt und dreifach kontrollieren zu müssen.

Inwiefern aber kann man bei Sor Juana von einem Zwang sprechen? Ist es nicht vielmehr eine Leidenschaft? Warum dieser Krankheitsaspekt?

Pfandl sieht bei Juana vor allem den unbewussten Hang zum sexuell gefärbten Denken. Allerdings lauten seine Beweise dafür eher grotesk und komisch an, etwa wenn er in Juanas Dichtung das Symbol der Pyramide als eindeutiges Phallussymbol deklariert oder, in einer ihrer persönlichen Beschreibungen bezüglich ihres kindlichen Forschungsdrangs, in der Erwähnung der Lebensmitteln Öl und Ei eine sexuelle Fixierung herausliest.[48]

---

[47] Schulte/ Tölle, S.73
[48] Pfandl: Die zehnte Muse von México, S.127-129

6. Vom Narzissmus zur Schizophrenie

Ein weiterer Rückschluss Pfandls auf die Psyche Sor Juanas ist ihr krankhafter Narzissmus. Er hat Recht, wenn er sagt, der Narzissmus ist eine mögliche Konsequenz eines Objektverlustes, beispielsweise der Verlust eines Elternteils in der Kindheit, inwiefern allerdings Frauen von vornherein und ihres Naturells wegen stärker Gefahr laufen, eine narzisstische Störung zu entwickeln[49], ist fraglich. Auch die Aussage, der Narzissmus sei häufig eine Folge des Grübelzwangs und schöne, gebildete Frauen seien noch häufiger betroffen und neigten dazu, die Freundschaft gleichgestellter Frauen zu suchen, konnte ich wissenschaftlich nicht nachweisen. Nicht von der Hand zu weisen ist jedoch die Tatsache, dass Sor Juana auffällig oft in ihren Gedichten und Briefen, die sie regelmäßig an die Vizekönige, aber auch an Gelehrten in Europa schreibt, kokettiert und, so Paz, „eine unmäßige Sehnsucht danach, kennenzulernen und gekannt zu werden"[50] verspürt, was man ihr vielleicht als übertriebene Eitelkeit auslegen kann. Dass sie allerdings in ihren Gedichten, besonders in ihrer Liebeslyrik für María Luisa oft zu devoten Liebesbezeugungen greift, darf man meiner Meinung nach nicht komplett auf ihre leicht narzisstische Veranlagung schieben. Aber dazu später.

Zunächst zum Vorwurf der Schizophrenie. Professor Pfandl ist überzeugt davon, dass bei Juana die Grenzen von Narzissmus und Schizophrenie beinahe unmerklich verschwimmen. Da seiner Aussage nach, Schizophrenie immer mit einem ausgesprochenen Narzissmus beginnt und gepaart ist mit Größen- und Verfolgungswahn, ist für ihn der Fall klar. Den Größenwahn Juanas hält Pfandl für nicht weiter diskutierungsbedürftig, ihren Verfolgungswahn sieht er in ihren brieflichen Klagen über ihre Mitschwestern, die sie nicht in Frieden studieren und schreiben lassen.[51]
Den Größenwahn Juanas kann unsereiner heutzutage wohl nur noch schwerlich erkennen, für Pfandl liegt er wohl in ihrem Streben nach dem Idealbild Mann.

---

[49] Pfandl: Die zehnte Muse von México, S.155
[50] Paz (1991), S.201
[51] Pfandl: Die zehnte Muse von México, S.168

Der Verfolgungswahn hingegen lässt sich, denke ich, ziemlich eindeutig widerlegen, denn bei diesem werden, nach psychiatrischer Definition

> [...] harmlose Ereignisse in der Umwelt als Anzeichen der Bedrohung und Verfolgung empfunden. Es fängt an mit einem unheimlichen Gefühl, daß etwas im Gange sei (Wahnspannung). Dann folgt die konkrete Deutung: man sieht ihn als Verbrecher an, ein Komplott wird geschmiedet, eine Vernichtungsaktion geplant. [...] Bestimmte Menschen in der engeren oder weiteren Umgebung des Patienten sind, so vermutet er, seine Verfolger, deren Hintermänner, Drahtzieher oder Helfershelfer; [...].[52]

Ob sich Juana wirklich ernsthaft bedroht fühlt, wenn sie über ihre Mitschwestern und zänkischen Dienstmädchen schimpft? Meiner Meinung nach, legt Pfandl hier einmal mehr Juanas Worte auf die Goldwaage und interpretiert sie nach seinem Sinn.

Gerade wenn es um so ernsthafte Krankheiten wie Schizophrenie geht, sollte man nicht allzu voreilig urteilen.

> Die Schizophrenie ist eine Erkrankung der Gesamtpersönlichkeit. Sie betrifft den zentralen Bereich des Ich und hat eine veränderte Erlebnisstruktur zur Folge. Sie hebt sich, wenn man den Lebenslauf des Patienten überblickt häufig durch eine plötzliche Veränderung der Persönlichkeitsstruktur, sozusagen durch einen Knick seiner Lebenslinie ab.[53]

Grundsymptome sind vor allem Störungen des Denkens, wie etwa Zerfahrenheit, aber auch Sprachstörungen, Wahrnehmungsstörungen und ambivalentes Erleben. Auch Autismus ist ein schizophrenes Grundsymptom, außerdem kann es zu Halluzinationen und Wahnvorstellungen kommen.[54] Ich finde es sehr bedenklich, wie leichtfertig Pfandl mit derlei Begriffen und Krankheitsbildern umgeht. Es hat den Anschein, als wolle er Sor Juana auf Biegen und Brechen in eine Krankheitsschiene pressen und interpretiere ihre Werke dahingehend und nicht umgekehrt. Wenn er also Sor Juana aufgrund ihrer Schizophrenie als gefühlsarm bezeichnet, so sieht er in der angeblich kalten Landschaftsbeschreibung in ihrem berühmtesten Gedicht *Primero Sueño* den Beweis dafür. Aber kann man von einem Gedicht immer eins zu eins auf den Gefühls- und Geisteszustand seines Verfassers schließen? Gerade die Lyrik bietet doch zahlreiche Interpretations- und Verstehensmöglichkeiten. Dass Pfandl aber auch in Juanas großem Vorbild, dem spanischen Dichter Luis de Góngora einen Narzissten mit Hang zur Schizophrenie erkennt, ist nicht verwunderlich. Wie sonst hätte er den ähnlichen Stil der beiden Poeten erklären sollen?

---

[52] Schulte/ Tölle (1977), S.149f
[53] Schulte/ Tölle (1977), S.160
[54] Schulte/ Tölle (1977), S.160-168

7. Die Hörige

Juanas Schreibstil lastet Pfandl allerdings noch mehr an. Er liest aus ihren Gedichten für María Luisa, der zweiten wichtigen Vizekönigin in Juanas Leben, ihrer engsten Freundin, nicht nur Liebe, sondern gar Hörigkeit heraus, die mit starkem Masochismus verbunden ist. Ein Beispiel einer solchen Dichtung ist etwa folgender Auszug einer Festtagsgratulation:

> Die Fürsten dieser Erde pflegen an Weihnachten, Ostern oder Pfingsten einen Teil der Gefängnissträflinge freizulassen. Ich aber, die ich den süßen Banden Eurer göttlichen Augen schmachte – ein freiwilliges Gefängnis, wo die Ketten aus Gold sind, Schmuck und Bindung zugleich, und die Schlösser und Riegel aus Diamantgeschmeide – ich will nicht, Gebieterin, daß Ihr mir mit einem Erbarmen, das unmenschlich wäre, die kostbaren Fesseln abnehmet, die eine Zierde meiner Seele sind.[55]

Derartige Dichtungen und Briefe an María Luisa, die Juana liebevoll Lysi nennt, gibt es zahlreiche. Für einen Außenstehenden ist es sicher nicht leicht, ihre Ausdrücke der Selbsterniedrigung und überstarken Huldigungen darin anders zu verstehen als Pfandl. Aber wie gesagt, man darf Juana nicht immer allzu wörtlich nehmen. Gerade in diesem Zusammenhang ist es wichtig, sich die Art der Dichtung des 17. Jahrhunderts vor Augen zu halten. Wenn Juana etwa den König als Mittelpunkt des Universums und sich selbst als untertänigste Sklavin bezeichnet, dann spiegelt das die Mode ihrer Zeit wieder. Hofdichtung strotzte meist vor Symbolen und Ergebenheitsbekenntnissen. Nicht ganz uneigennützig.

> Indem Juana den vizeköniglichen Hof mit einem ästhetischen Ritual versorgte, stellte sie eine privilegierte Beziehung zwischen dem Kloster und dem Palast her.[56]

> Sor Juanas Sprache spiegelt den Absolutismus und Patrimonialismus ihres Jahrhunderts. [...] Ungeniert nennt sie sich selbst Dienerin und sogar Sklavin der Vizekönige; sie wusste genau, daß sie weder das eine noch das andere war: Wenn sie sich als solche bezeichnete, folgte sie damit nur einer gesellschaftlichen und politischen Konvention.[57]

Juanas untergebener Ton ist also berechtigt.

Was ihre Liebe zu Lysi angeht, kann man wohl sagen, dass sie sie wirklich geliebt hat, auf ihre bestimmte Weise. Das heißt nicht, dass sie in ihrer Freundin in Wahrheit nur sich selbst angebetet hat, wie Pfandl behauptet[58] und auch nicht, dass die Beiden ein lesbisches

---

[55] Pfandl: Die zehnte Muse von México, S.175
[56] Paz (1991), S.281
[57] Paz (1991), S.290f
[58] Pfandl: Die zehnte Muse von México

Verhältnis zueinander hatten, sondern dass sie sich aufrichtig bewunderten und rein platonisch liebten. Wie ich bereits erklärt habe, haben Seelen für Sor Juana kein Geschlecht. Also ist die reinste Form der Liebe auch die Geistige.

Die liebende Freundschaft zwischen Sor Juana und der Condesa bedeutete die Übertragung; die Sublimierung vollzog sich dank und vermittels des neoplatonischen Liebesbegriffs: Freundschaft zwischen gleichgeschlechtlichen Personen.[59]

Der Konflikt Juanas besteht in ihrem Nonnensein an sich. Es war ihr nicht erlaubt eine Liebesbeziehung zu haben, genauso wenig wie die Gräfin sich einem anderen Mann hätte zuwenden können, ob sie jetzt in ihrer Ehe glücklich war oder nicht. So gesehen, haben beide Frauen dieses Problem auf die bestmögliche Weise gelöst. Geglückte Sublimierung, die nicht zur Neurose führt.

---

[59] Paz (1991), S.173

8. Krise und Tod

Der Vollständigkeit halber werde ich nun kurz die Krise und den Tod Juanas aus Sicht Pfandls wiedergeben.

Wie gesagt, wendet sich Juana kurz vor ihrem Tod vom Dichten und Studieren ab. Sie erneuert ihr Gelübde, ergeht sich in Selbstgeißelungen und lebt bis zu ihrem frühen Tod als asketische selbst ernannte Sünderin. Dafür gibt es, laut verschiedener Interpreten, zahlreiche Gründe. Auslöser war wohl ein Auftrag des Bischofs von Puebla, Manuel Fernández de Santa Cruz, der Juana veranlasste, eine Kritik an einer Predigt des portugiesischen Jesuitenpredigers Antonio Vieira zu verfassen, die er daraufhin unter dem Pseudonym Sor Philotea veröffentlichte. In dem Vorwort dieser so genannten *carta atenagórica* rügt der Bischof die Nonne - nicht für die kritischen Äußerungen, sondern weil sie sich zu sehr mit weltlicher Literatur beschäftige -außerdem solle sie sich gewahr werden, dass Frauen schnell der Sünde des Hochmuts verfallen. Daraufhin verfasst Sor Juana ein Antwortschreiben, die *Respuesta a Sor Philotea,* die eine Verteidigung gegen die Vorwürfe selbst, als auch eine Verteidigung für die Frauen und deren Anspruch auf Bildung im Allgemeinen darstellt und viele biographische Informationen enthält (z.B. die Begründung für den Klostereintritt). Mit diesem Brief zog Juana mit Sicherheit die Ungunst vieler, vor allem der Kirchenvertreter, auf sich. Der Bischof von Puebla, ihr langjährige Freund, wandte sich von ihr ab. Ihr Beichtvater hatte sich schon Jahre zuvor von ihr abgewendet, wohl aufgrund ihres Dichtertums. Dazu kam, dass in den Jahren 1691 – 1693 eine Katastrophe die nächste jagte. Es gab Seuchen und Hungersnöte und der Vizekönig Don Caspar de Sandoval, Silva y Mendoza, Conde de Calve verlor immer mehr an Macht, wohingegen die Kirche an Autorität gewann. Das muss auch für Juana ein Schlag gewesen sein, denn Zeit ihres Lebens wurde sie von den Vizekönigen protegiert, konnte sich nicht zuletzt deswegen so entfalten wie sie es wollte und wurde weder kritisiert noch angegriffen. Das änderte sich nun. Der machtgestärkte Erzbischof von México Aguiar y Seijas, allgemein bekannter Frauenhasser und Theaterfeind, muss sich schon längere Zeit über das Verhalten der Nonne und deren Hingabe zur Literatur geärgert haben. Die Kritik an der Predigt Vieiras brachte das Fass wahrscheinlich zum Überlaufen, denn Vieira war ein guter Freund von des Erzbischofs.

Zu guter Letzt starb in Spanien auch noch Juanas Freund und Gönner, der ehemalige Vizekönig Marqués de la Laguna, der Gatte ihrer Freundin Lysi. Es ist zu vermuten, dass diese nun auch kein guter seelischer Beistand für Juana war.[60] All diese Gründe zusammengenommen waren möglicherweise der Grund, warum sich Juana wieder ihrem Beichtvater Nuñez de Miranda zuwendete. Sie stand alleine da und hatte ihr Selbstvertrauen verloren, deswegen wählte sie den Weg der Gelöbniserneuerung. Wahrscheinlich war sie selbst überzeugt davon, eine Sünderin zu sein. Es wurde ihr schließlich auch lange genug eingetrichtert.

Pfandl sieht jedoch in Juanas Kehrtwende einen anderen Auslöser: ihr Klimakterium. Wie er darauf kommt, dass Juana genau zu diesem Zeitpunkt in den Wechseljahren war und weshalb diese so schrecklich gewesen sein sollen, dass sie ihr Leben komplett umkrempelte, führe ich auf seine altbackenen Vorstellungen und inzwischen veralteten wissenschaftlichen Erkenntnisse zurück. Ein wichtiger Punkt in seiner Argumentation ist die Tatsache, dass sie nach seinem Begriff zu der Klasse der Intersexuellen gehört, die ein besonders schweres und leidvolles Klimakterium zu ertragen haben.[61]

Auch seine Theorie, Juana habe aus Reue ihr Leben geopfert, indem sie Pestkranke pflegte, kann ich so nicht teilen. Dann müsste sie schon eine sehr ernsthafte Psychose gehabt haben, denn

Neurosen sind, in Abgrenzung von Psychosen, weniger schwere und weniger schicksalhaft verlaufende seelische Störungen, ohne Desintegration der Persönlichkeit und ohne den für Psychosen charakteristischen Verlust der Anpassung an die Realität.[62]

---

[60] alle historischen Fakten: Paz (1991)
[61] Pfandl: Die zehnte Muse von México, S.265-274
[62] Schulte/ Tölle (1977), S.29

9. Fazit

Wie man das Werk und das Leben eines Dichters zu beurteilen hat, ist natürlich Ansichtssache. Ich denke, ich habe meine Gründe, weshalb mir die Psychoanalyse als vollkommen unangemessen hierfür scheint, deutlich dargelegt.

Die komplette Psyche und das Seelenleben eines Menschen verstecken sich nicht hinter ein paar Dokumenten und Schriftstücken.

Außerdem finde ich es unangebracht, dass Pfandl anhand von ein paar Büchern und mit seinem Amateurwissen – man darf es wohl so nennen, denn er war nicht vom Fach – das komplette Geheimnis um Sor Juana Inés de la Cruz gelüftet zu haben meint.

Ich habe versucht, mit ähnlichem Halbwissen, Pfandls Argumentation nachzuvollziehen und zu kritisieren. Nun möchte ich aber nicht den gleichen Fehler machen wie er, mit dem Finger auf Sor Juana zeigen und sie anhand meines Wissens und meiner Bücher analysieren, aber ich denke es ist mir gelungen zu zeigen, dass man mit Amateurwissen genauso das Gegenteil beweisen kann, dass die Nonne keine Neurotikerin war und keinen Männlichkeitskomplex hatte.

Octavio Paz sagt es so:

> Daß Juana Inés imstande gewesen ist, so lange Widerstand zu leisten, und daß sie erst am Schluß der Einkesselung aufgab und ihren Zensoren in deren Unmenschlichen Quälereien folgte, bedeutet einen herrlichen Beweis iherer Geistesstärke.[63]

Dass Pfandl mit allen Mitteln versucht, der Nonne den Stempel der psychisch Kranken aufzudrücken und in seinen Argumentationen teilweise ins Komisch abrutscht, reizt zu Spekulationen, inwiefern hier seine eigenen Vorstellungen und möglicherweise traumatischen Kindheitserfahrungen von Bedeutung sind. Haben wir es hier vielleicht mit einem Fall von Deutungswahn zu tun oder hat sich der Professor grundlos in so ausgiebige Analysen verstrickt?

Um es mit seinen eigenen Worten zu sagen:

> Ist diese Denkleistung wie ein zu Boden gefallener Kristall, der in hundert Brocken und Splitter zersprungen ist, deren Spaltrichtungen nur mühsam die ursprüngliche Ganzheit und Struktur des Kristalls erkennen lassen, oder ist sie es nicht? Ist sie ein typisches Bild der Ideenzersetzung und Ideenzertrümmerung des Zwangsneurotikers, oder ist sie es nicht?[64]

---

[63] Paz (1991), S.677
[64] Pfandl: Die zehnte Muse von México, S.126

10. Bibliographie

Gross, Rudolf u. Schölmerich, P.: Lehrbuch der Inneren Medizin. Stuttgart, New York, 5.Auflage; F.K.Schattauer Verlag 1977

Kepp, Richard u. Staemmler, Hans-Joachim: Lehrbuch der Gynäkologie. Stuttgart, 12. Auflage; Georg Thieme Verlag 1977

Paz, Octavio: Sor Juana Inés de la Cruz oder die Fallstricke des Glaubens. Frankfurt am Main, 1. Auflage; Suhrkamp Verlag 1991

Pfandl, Ludwig: Die zehnte Muse von México – Juana Inés de la Cruz. München; Hermann Rinn Verlag [kein Datum]

Schulte, Walter u. Tölle, Rainer: Psychiatrie. Berlin, Heidelberg, New York, 4. Auflage; Springer-Verlag 1977

Wagner, Birgit u. Laferl, Christopher F.: Anspruch auf das Wort – Geschlecht, Wissen und Schreiben im 17. Jahrhundert, Suor Maria Celeste und Sor Juana Inés de la Cruz. Wien; WUV-Universitätsverlag 2002

Ingram Content Group UK Ltd.
Milton Keynes UK
UKHW010702100523
421517UK00004B/151

9 783638 908955